BALLOON PUBLISHING

FREE DOWNLOAD
www.balloonpublishing.com/freedownload

f Balloon Publishing

📷 @balloonpublishing

This book belong to ....

1 - light blue   2 - blue   3 - green   4 - dark green
5 - yellow   6 - orange   7 - brown

1 - light blue   2 - gray   3 - green   4 - dark green
5 - yellow   6 - orange   7 - black   8 - brown

1 - light blue   2 - blue   3 - green   4 - dark green
5 - yellow   6 - gray   7 - black   8 - brown

1 - light blue   2 - beige   3 - green   4 - dark green
5 - yellow   6 - gray   7 - red   8 - brown

1 - light blue   2 - pink   3 - green   4 - dark green
5 - gray   6 - orange   7 - red

1 - light blue   2 - blue   3 - green   4 - dark green
5 - yellow   6 - orange   7 - gray   8 - brown

1 - light blue   2 - blue   3 - green
4 - dark green   5 - yellow   6 - gray

1 - light blue   2 - pink   3 - green   4 - gray
5 - yellow   6 - orange   7 - black   8 - brown

1 - light blue   2 - blue   3 - green   4 - dark green
5 - yellow   6 - orange   7 - red   8 - brown

1 - pink   2 - blue   3 - light blue   4 - green
5 - yellow   6 - orange   7 - brown   8 - red

1 - light blue   2 - dark green   3 - green   4 - yellow
5 - orange   6 - brown   7 - red

1 - pink 2 - blue 3 - light blue 4 - dark green
5 - green 6 - yellow 7 - orange 8 - gray

1 - pink   2 - light blue   3 - green   4 - yellow
5 - orange   6 - brown   7 - red   8 - black

1 - purple   2 - light blue   3 - dark green
4 - green   5 - yellow   6 - red

1 - white   2 - light blue   3 - green   4 - dark green
5 - beige   6 - orange   7 - brown   8 - gray

1 - white   2 - yellow   3 - beige
4 - green   5 - gray   6 - dark green

1 - light green   2 - green   3 - dark green   4 - white
5 - light blue   6 - blue   7 - dark blue

1 - light gray   2 - gray   3 - light brown   4 - brown
5 - yellow   6 - orange   7 - red   8 - dark red

1 - white 2 - light gray 3 - pink 4 - gray 5 - orange
6 - brown 7 - green 8 - dark green 9 - light blue

1 - green   2 - light blue   3 - brown   4 - gray   5 - yellow
6 - dark green   7 - pink   8 - orange   9 - red

1 - red   2 - light blue   3 - yellow   4 - gray   5 - black
6 - beige   7 - pink   8 - green   9 - dark green

1 - dark green   2 - green   3 - yellow   4 - orange
5 - brown   6 - pink   7 - light blue

1 - green   2 - dark green   3 - light blue   4 - orange
5 - brown   6 - blue   7 - beige

1 - dark green   2 - brown   3 - light blue   4 - green   5 - black
6 - gray   7 - yellow   8 - red   9 - pink

1 - dark blue   2 - dark blue   3 - green   4 - black
5 - dark green   6 - orange   7 - gray   8 - light blue

1 - brown   2 - green   3 - light blue   4 - dark green   5 - yellow
6 - beige   7 - orange   8 - black   9 - red

1 - light blue   2 - blue   3 - black   4 - dark blue
5 - yellow   6 - orange   7 - pink   8 - red

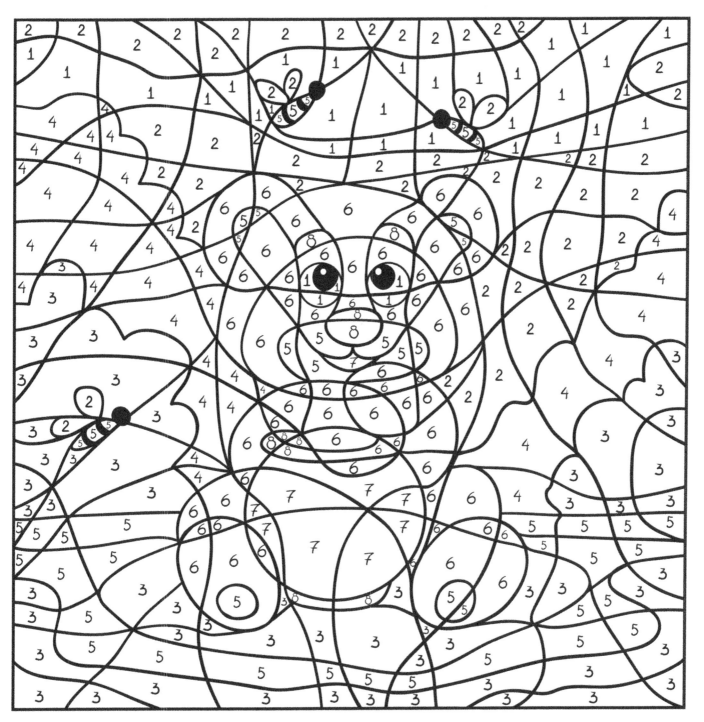

1 - white   2 - light blue   3 - green   4 - dark green
5 - yellow   6 - brown   7 - red   8 - dark red

Made in the USA
Coppell, TX
14 December 2020